Rehén de las olas

Juan Carlos Mirabal

Books

Managing Editors: Camila Castiglioni / Manuel Aleman
Designer: Tina Conti
Cover image: © Mandeepkldh | Dreamstime.com

Published in the United States by CBH Books.
CBH Books is a division of Cambridge BrickHouse, Inc.

Cambridge BrickHouse, Inc.
855 Turnpike Street. Suite 237
North Andover, MA 01845
U.S.A.

Library of Congress Catalog No. 20050003971
ISBN 9781598354775
First Edition
Printed in Canada
10 9 8 7 6 5 4 3 2 1

A todos los poetas

A mi madre,
y a todas mis madres

De una ola a la otra
hay el tiempo de la vida.

Vicente Huidobro

ÍNDICE

Al fondo el horizonte

PRÓLOGO

Resulta grato el descubrimiento de la belleza en cualquiera de sus manifestaciones, pero cuando se trata de poesía, mi aproximación es desde el asombro. De otro modo, la observo como una cirujana a un pulmón que florece.

Cuando la poesía me estremece es porque hay un continente virgen pugnando por desplazar al mar que lo mantiene hundido en alguna profundidad. Así fue que un día cualquiera de 1987 escuché por primera vez la voz de un poeta joven que deambulaba por La Habana, huérfano de madre y de banderas, con una mochila repleta de libros y poemas. "¿Qué lees?", me preguntó en el parque de G y 23. "A Borges", le dije mostrando un viejo libro azul. Entonces a él le pareció que aquello era una señal para poner ante mis ojos todas las palabras que había comenzado a hilar desde el más absoluto desamparo humano, como una manera de sobrevivir.

Nunca más supe de aquel muchacho de rizos largos que sudaba suspiros en legítima defensa, atrincherado en las metáforas contra el poder y el desamor.

Treinta años después y de manera fortuita, vuelvo a ver la foto de aquel joven y me alegró saber que se había convertido en un gran poeta y en un notable artista de la imagen, pero sin ínfulas, desposeído de espejos señoriales, tan sencillo como cuando recorría las calles habaneras desafiando a los uniformados.

Como mismo hizo cuando era tan joven, Juan Carlos puso ante mis ojos una avalancha de palabras que parecían danzar con frenesí en rondas de versos inagotables. Cada poema se abría el pecho y penetraba, irreverente como un niño muy niño o un anciano bien viejo, el alma del que quería ver y escuchar.

Si no fueran suficientes tantas palabras bien dichas,

gestadas en un no-sé-dónde bien hondo, ahí estaban también sus fotografías como testimonio de su mirada lúcida y franca. Cada imagen suya era un universo en gestación, preñada de un lenguaje infinito. Verso e imagen conspiraban en anunciar la pureza y plenitud del arte en su obra.

Me sorprendió que no hubiera publicado aún su primer libro con la vasta obra que tenía. Sus poemas figuraban en antologías, revistas y periódicos, él siempre había formado parte de múltiples talleres, tertulias y festivales... pero nunca había enviado su manuscrito a una editorial. En cuanto a su arte fotográfico, había expuesto sus impresionantes imágenes en varias galerías, y muchos coleccionistas atesoraban su trabajo. Sin embargo, él seguía siendo Juan, "nombre de multitud inadvertida". Seguía escribiendo desde la libertad del anonimato mientras proveía el pan para sus hijos. Seguía trabajando en faenas duras y sin ambiciones ególatras; poseído, eso sí, por el don de invocar todos los cielos del universo cuando creaba. Y esa alegría, y su fe incorrompible, me contagió de luz.

Por eso es grato, ya lo dije, muy grato dar a conocer a mi amigo poeta y compartir con los lectores la dicha que yo experimenté al ver el mundo a través de sus ojos.

En este libro, los lectores podrán conocer al Juan adolescente y al Juan de hoy, que se hablan entre sí como si no mediara ni un segundo entre el patio de juego y el hogar del epitafio, para conocer cuánto del uno vive en el otro.

Sin aclarar las fechas, no advertirá el lector cuánta lágrima de ayer hay en el gozo actual, ni cuánta alegría poderosa de hoy le ha devuelto padre y madre al niño con alas en la cabeza que pocos entendieron en aquel entonces.

Hay poemas monumentales, con columnas tan apertrechadas de imágenes que nos dejan sin aliento: "Sentado en la penumbra", "Abismos", "Hora Cero". Hay también poemas tajantes como el grito sordo de un harakiri: "Té caliente", "Paleontopoesía". Y aunque para darles cuerpo a esas trenzas infinitas de metáforas, tejidas con tanta devoción, el poeta haya sentido en el verso libre mayores posibilidades expresivas, acude a veces al soneto ("Sin óleos el sol") o al haiku ("Dedo"), por citar dos.

Su fascinación por la palabra se remonta a su niñez, cuando el descubrimiento de cada una producía en él un estallido de emociones, haciéndole creer que dicha palabra traía dentro una semilla poderosa o era un talismán. Como si al decir "crepúsculo" ocurriera milagrosamente el atardecer y todos los objetos se colorearan súbitamente de púrpuras dorados. No es de extrañar entonces que sus estrofas sean cascadas de figuras retóricas *(fuego sin arrugas / radar sin lágrimas / cicatriz del agua / ombligo de arena)* y que hallemos en un mismo verso, por ejemplo: imagen, metáfora, símil, paradoja e hipérbole: *mares de nítidas vocales ardiendo al fuego / truena en el póstumo silencio un golpe de alas / tinta de maniquíes en laberintos de seda / como un sepulcro sin huesos para violines...*

Sorprende asimismo su manera, tan singular como prodigiosa, de parear palabras que nunca antes se conocieron entre sí, que nunca estuvieron juntas en un verso. Juan Carlos no siente el menor pudor en desnudarlas en un planeta virgen donde empiezan a respirar con trajes nuevos. Y ahí están: *desagüe acústico; rítmicas acuarelas; hacha melódica; sísmicos pañuelos; relámpago ecuestre; puertas cenagosas; apagón diluviano...*

Así también, el poeta siente el soberano derecho de sustantivar verbos o verbalizar sustantivos (ovilla *en topacio una cresta de profecías /* hermoseas *el deseo / ¡Tú* arpas *la sombra! / El pez* culebrea... */* Musean *el talismán de los mendigos / Tú* constelas *en el barro... /* Limpias *el desorden* hambreando *los relojes*), o de emparentar esdrújulas (*légamo ingrávido / vértigo erótico*) o de alebrestar un oleaje intenso de metáforas que se desvanecen luego en la espuma de una frase leve.

Las tres partes que componen este libro hablan todas del amor a través de las grandes interrogantes, más que de conclusiones o sentencias, en la vida del poeta. La primera parte, *La noche iza el ancla*, habla del amor desde la inocencia, del que mira el mar desde la orilla sin sospechar cuánta vida y muerte traen sus aguas o cuánta maldad y bondad hay en toda travesía. En la segunda, *Los amantes no cuentan las olas*, está la voz de un poeta maduro, migrante y conocedor de las mareas, que habla de la intimidad más profunda y humana, de la fusión primitiva del ser y del estar, cuando no se sabe si hay tierra a la vista y se está a la deriva o en las manos de Dios. En la tercera, *Al fondo el horizonte*, el poeta traza los contornos de esa otra orilla en la neblina de sus recuerdos: conceptualiza, toca fondo y ve cada pérdida como la fe fortalecida del viajero.

Entre sus temas recurrentes, sobresalen la muerte (vivificada y vital, el mejor ángulo para apreciar la vida), la soledad (vista como la mano que no abandona o como un vientre generoso que pare hijos de la imaginación y la sabiduría) y la pérdida (todo lo que fue quedando atrás y se extravió para siempre en la memoria, "la vida vivida" de la que hablaba Rilke).

En ese oleaje existencial, la honda herida del emigrante sale a flote. Y es que el poeta fue también balsero y como algunos, logró sobrevivir a la tragedia de las noventa millas que separan la isla de Cuba de la península de la Florida. Puede que en "Rehén de las olas", de cuyas aguas emerge el amor en todas sus formas, esté también su tributo por los migrantes que se tragó el mar, una forma de entender sus propias pérdidas, quizás, cuando algo de sí mismo nunca alcanzó a llegar a la otra orilla. Hay versos que hablan de cómo el dolor ancló de un modo desgarrador en aquel que se vio empujado a abandonar la isla: *La puerta se va con el caminante, lo sigue como una madre llena de brazos...* ("El ruiseñor en la maleta"); *El mar ha soltado sus golondrinas que hilan con lágrimas el asta del vigía* ("Más allá de las arenas"); *No caminé sobre las aguas, pero un amor más grande me llevó a la otra orilla...*

("Mensaje en la botella"), por mencionar algunos.

La pasión es otro elemento que identifica y unifica su obra. Es casi palpable la vehemencia con la que intenta poner a salvo emociones extremas cuando cruzan mares peligrosos: la tristeza más honda, una furia tsunámica o el deseo agónico de quien se afana en llegar a tierra firme. Entonces el poeta se expresa en términos absolutos, indivisibles y abismales: *un mar de una sola ola / una barca de un solo remo / una sola eternidad / la sonrisa única de un alma total / uno solo perfumó a la muerte / estatua de un solo abismo... / como un cauce, un solo río / tú mueres muchas veces, yo una sola vez / ...en que todas las palabras son solo una.*

Los versos de Mirabal irradian luz, como un cofre repleto de piedras preciosas, sobrepoblados de peces, árboles, soles y pájaros. Hay en ellos muertes que dan vida y orfandades profanadas que dan a luz hijos sanos hechos para el bien. Emerge de todos sus poemas una alegría que acompaña a la profunda soledad, como la esperanza del que cree en la santidad de cualquier semilla.

Pese a que viven en su cabeza todos "los poetas muertos" que ha leído, y cuya influencia es notable a veces en ciertos versos (Lezama, Vallejo, Octavio Paz, Walt Whitman, tantos otros), la poesía de Juan Carlos Mirabal es una voz tan propia como vigorosa y "Rehén de las olas", es un grito primitivamente humano, una ofrenda legítima que habla del origen de la verdad, la belleza y el amor.

Juan Carlos es un poeta cuya sencillez hace aún más notable su obra, que escribe versos de alto vuelo desde que aprendió a nombrar las cosas y que recién ahora, medio siglo después de su nacimiento, los comparte con los lectores con esa humildad genuina que caracteriza a los grandes poetas.

Yanitzia Canetti
Boston, 30 de julio de 2019

La noche iza el ancla

Soy el mentiroso
que siempre dice la verdad.

Gastón Baquero

Caligramas

Transparente.
El olor de tus ojos.
Tu labio escribiendo el silencio.
La paloma de tu voz
caminando mi nombre.
Tu trenza risueña.

El viento cofre de los dones,
el trozo de luz que retoña en la herida
la fiesta del temblor.
El pájaro que regresa más joven.

Universo

A William Maillis

En la sequía del sol
borda un sueño la rosa de agua,
un esqueleto de expectante lujo.
El pájaro se ata al árbol con un hilo de sombra.
Y milenios de silencio reparten la semilla.

La noche no escucha los ruidos oscuros,
pero ovilla en topacio una cresta de profecías,
un chispazo de la muerte que no halla
donde esconder
su media ala.

Paleontopoesía

A Terely Vigoa

La piedra es sepultura
que el agua paciente
transforma en islas.
Entonces el ojo duro del sol
camina con el viento y funda
comarcas clandestinas.
El pez desabotona sus costillas
de la tierra y se echa a volar.
La gota de agua es el anzuelo;
la brizna de arena,
la melodía.

Sentado en la penumbra

Yo recojo la verdad impaciente,
esa verdad que espera a mi palabra.

Jorge Guillén

Las palabras me olvidaron,
sus cuerpos cimbrados de pequeñas flechas
que navegan vastas y leves
cuando el silencio despierta entre sus muros.
También las fieles e inocentes
y aquellas que me inventé persiguiendo la gloria.
Todas me abandonaron.

No sé qué rumbo tomaron,
en qué tierra respiran,
si en su recinto natal el azar las enmascara,
si han sido vencidas por el confuso límite en que desfilo.
Bendito ejército de amazonas
perforando el coro sordo de mi cosecha.

Quizás mi silencio no supo callarse
atrios de mitología indescifrable,
sin una verdadera sed enterrada
como lluvia en los escombros
antes de que emergieran,
nacidas de mi entierro como luz clavada.

Sin ellas soy un olvido de Dios.
Un silencio sin alma.
Alma sin luna ni sol de náufrago anónimo

sentado en la penumbra.
Solo cuando se muere, el cielo son todos los sitios,
la punta del sufrimiento
en que todas las palabras son una.

El Cupido de la sabiduría no flecha en su ausencia,
ni sublimes muertos calientan en la casa
las cruces que el olvido desentierra.
Los duendes del desamparo acarician mi angustia.
Sufro su soledad, el libro sin páginas
que ellas mismas temen.

Enmudezco y aún hay máscaras que ofrecen
sus llaves para la blasfemia.
Llanto amurallado en el gran silencio
que se ahoga de palabras sin caminos,
tinta de maniquíes en laberintos de seda,
conciencia adornada de rechazos.

Amigas, ¿por qué vuestra música late en mi sangre
como un difunto universal en un entierro de tambores?
¿Por qué el estercolero del mundo perfuma la memoria
de vuestros elegidos y el odio antes de huir
pone sus huevos de elocuencia cenagosa,
en un eco de espejos coronado de mendigos?
¿Por qué en el anfiteatro del polvo
la envidia alza su carabela
sin que las orugas atraviesen el monumento del miedo?
¿Y qué puedo hacer si hay hijos del hombre
en todas las palabras, en todos los silencios?

¿Por qué se fueron y se llevaron mi boca?

¡Oh, pupilas mías de diminutas eternidades,
la sutileza de mis descuidos dejó huellas perdidas
que se alejaron en la fiesta del humo sin resonancia!

¡Cómo he envejecido sin encontrarlas!
La muerte no me recordará en su diccionario del tiempo.
¡Oh, pájaros míos, el espacio ardiente del silencio
huye de mis ojos
y soy un sonido sin luz,
un graznido donde anida el invierno
cuando el alma cojea
como una barca de un solo remo!

Hay en mí todo un rumor de la familiaridad mendiga.
Pero no supe cómo atravesar el desenfado para
encontrarlas,
en qué lamento esperar la luz de sus clamores,
con qué canción ni en qué nube besarlas
como a una foto de un hijo o de una madre,
en cuál olivo del mundo podré quemar la puerta del
destierro.

No pude vender el ardor de mis miserias,
palabras comprometidas que desamarraron las sombras.
Mares de nítidas vocales ardiendo al fuego.
Miedos y horrores de verticalidad suicida;
porque ninguna locura embellece el crimen.
Y hasta enfermé con mi nombre de lágrimas encalladas
en malos deseos.
Mi inventario de las tinieblas de un álgebra mercenaria,
dilapidando mi muerte en velorios de estatuas
o venerando columpios de arena,

siendo un destello hereje,
un vendedor de milagros.
Quién sabe si regresen, si me perdonen,
si sus enamorados instrumentos tocarán para mí,
si el llanto sereno de mi hoguera las persuada.
Podré irme con ellas, con su canción sin final,
a la tranquila pureza.

Son tantos los perros sin nombre que ladran
y suenan las últimas pedradas que sostienen la calma.
¿Volverán a visitarme como niños a la playa?
Ya no esconderé en mis banalidades su rosario.

Y en el murmullo de mi vergüenza, de la nada,
del escaso latido que en mi pecho se arrastra,
no hallo el mapa, la ruta frugal donde me perdonen,
la vehemencia que se llevaron cuando se fueron,
como la más hermosa mujer,
sin despedirse.

Sin óleos de sol

Ya todos los caminos están cerca.
J. L. Borges

¿Cómo puede un ciego amar el laberinto
la opaca puerta escondida del espejo,
sin óleos de sol que alumbren el recinto
donde nacen y multiplican los reflejos?

¿Puede acaso sin brazos en lo hondo
remar la sombra que lo extingue e invade,
enclaustrado en los sonidos que persuade
un mundo fantasmal sin color ni fondo?

Tiene el ciego un alma que no cabe
en los espacios irrepetidos que traspasa
como un rayo de luz o como un ave,

que el fuego de su imaginación rebasa,
siendo su vasto corazón la casa
de invisibles caminos que el que ve no sabe.

El ruiseñor en la maleta

*A José Hernandez Figueroa
y a mi queridísima familia*

La puerta se va con el caminante,
lo sigue como una madre llena de brazos,
él la carga en su espalda como a un enfermo.
En el día doloroso un pestañazo de sol ocupa los horarios.
No lo convence del regreso,
pero le habla de los cielos de arena.

Al caminante le crece en la cabeza el horizonte.
No ve la bienvenida, el vaso de agua que lo espera.
La mejor muerte que se escapa sin ser tocada
por ninguna canción.

Si el caminante no regresa la puerta no se cerrará,
el rostro cosido de arrugas como tierra entre ríos,
el ojo de agua en que abreva la noche, puente de tierra y nube;
olvido y muerte en un mismo espejo sin mirarse
fraguando el oro que no se gasta.

La puerta prefiere seguirlo en su olvido alegre
a quedarse entre los ecos de un nombre,
el golpe de unos pasos que demoran,
la hiedra sin frutos que atestigua.

Sin soñar los sueños del ausente,
sin la posibilidad de hacer camino a los vientos,
de ver sobre la mesa
el mundo.

Más allá de las arenas

Y en las arenas sin violencia,
el exilio con sus llaves puras.
Saint-John Perse

El mar ha soltado sus golondrinas
que hilan con lágrimas el asta del vigía.
La ternura en los párpados aleja el fondo
y entretiene la distancia.

En su canto de aguas el pulso del faro
anega de alegres voces la ancha rutina
por donde el horizonte es una mujer que regresa,
sin una querella en el temblor
que ahuyenta las máscaras.

El que prefiere dormir no sabe soñar,
soplar al viento las gaviotas de su frente.
La noche es el pecho de los hijos y las fantasías.

En el vigía un pozo de miedo
hace el ancla más profunda.
Por eso alza su anhelo en el silencio,
porque el silencio lo acerca todo como la eternidad.
Cuando se ama el olvido no despierta
ni como un barco de piedra puede simular la estela.

Allí donde el viento es el único portero
y la muerte huye de la fama,
el corazón atisba los imanes con que la mirada
hace crecer la espiga.

Oh, dulce nombre de mujer
que abres el epistolario de la lluvia.
Mujer que huele a río alegre.
A flor empinada.
A luna en el agua.
A refugios de mares.

El mar enaltece y borra las orillas,
huellas, que como novias, prefieren la compañía
y no países de niebla.

Y el vigía, entre páginas del tiempo,
ve irse su alma con la heroica mujer que lo espera,
acostada sobre la hierba
acomodando las estrellas,
con un ancla de nostalgia y otra campana de fuego,
prendiendo los enigmas que acortan los caminos
que se pierden
más allá de las arenas.

La huella del eco

A Y. G.

Las campanas en tus ojos eran una promesa.
Callabas el estorbo de las fuentes en tu encanto.
Abigarrada de curvas y estirones te probabas el retorno,
rumiante el grito que parías desde todas tus sombras
como la más cansada de las fieras.

Y todas las manos corrieron al mar cargadas de mutismo.
Y todas las ventanas se tragaron el auxilio con su hambre.

Tablero sin fichas

A Miriam Mirabal

Esos caballos beben las canas del paisaje
y emanan jubilosos como flechas del cielo.
Nacen en cada trote y prolongan con ímpetu
el cronograma de las nubes,
locomotoras lunadas
en un mar verde que ribetea.

Libres en el instante que corren,
coreógrafos de la luz y del viento en la distancia.

Así también pasa el aroma del café
por el umbral de la mañana,
hilvanando atalayas en el aire
al suave pulso del deseo
con su látigo hambriento de amistades.

Blancos caballos libres en la lejanía
de negras crines salidas del fuego.

Pueblo chiquito

El sonido tiene agujeros por donde los ciegos miran.
Solemne diario de rumores por los que el susto
no sale de la casa del búho.

Así le robaron el miedo a la mujer
que se paseaba entre los árboles
como una estatua desnuda,
con el pelo mojado de escándalo.
Ruinas humanas inmunes a la belleza
que agitan como un himno
el pánico vendado con los dientes del dolor.

En la patria de los eufemismos,
la sombra del árbol tampoco da frutos.
Las puertas abovedadas hacen silencio
como un cómplice con párpados de avispa.

Ya las ventanas de miel agujereada
dejan correr las aguas del desmayo.
Ya gotea el astro su ala amarga
y los perros de seda lamen las cruces.

El infierno es el único olvido
donde la exacta memoria permanece.

La loquita

Importa oler a loco.
César Vallejo

Los pies en los charcos
como manso río.
No existe forma amarga
que arañe su perfil,
la tregua de sus gestos
ahonda la cábala del fuego.
Hiede como una espiga entre lámparas,
como una estrella en la aldea
de trofeos de un ministro.
 ¿Es feliz?

En choza de cielo abierto
sabe, como un niño,
donde pone sus huevos la muerte,
cuál de los miedos erige
una estatua vigorosa.

Sabe que los ojos de piedra
enjuagan su asombro en la arena.
Conoce el dedo rojo del sol
y el beso tutelar de la soledad,
el tálamo en cruz que aquieta al corazón.

Sabe que la historia
es una escalera de huesos
y el olvido un hospital
sin camas ni doctores.

Sabe que existe todavía el Holocausto
y los niños desnudos
en siniestras pantallas.
Que el pozo oscuro es una barca
cuando la luna se asoma.

Sabe que el pájaro no fabricó la jaula,
que el metal es el botín de la mentira.
Trapecista de la muerte
mira el dolor como un fusilado alegre.

Lava su rostro en la lluvia,
el péndulo se tensa en la balanza
y jueces pastan la llaga
alzando rejas contra el cielo.

En las jerarquías nieblan muertos dopados
sin un corazón alegre mordido por la muerte,
sonámbulos que lactan en yeso
y se rifan un impecable ataúd.

Y su canción sin guitarra busca ángeles,
amigos sin prejuicios que compartan en el árbol
que no envejece
y amen su paloma de sangrantes gladiolos en el pecho.

Ella duerme en las esquinas con la luna
como un animal sin nombre,
animal sin arrullo,
sin brazos,
sin cuna.
No hay techos en el mundo

para su orfandad redentora.
A veces en la sombra encuentran
la estatua que abandonó la piedra,
se encuentran los irredentos anclados en la alegría,
un festín de flecheros donde Cupido aprende.

Oropéndola, en la intemperie cruces gigantes
defienden su silencio que no importa a nadie.

Los otros ven crecer el cielo
como sueño empalizado de estatuas que respiran
cuando sus pájaros son el holograma del sol.

Los carros pasan,
el asfalto es la galería de los desmemoriados,
lejanos miran los timoneles;
en ella ven el juicio delirante que los encarcela.

Flor sola de lágrima salvaje.
Bailarina.
Crisálida lapidada
en la pleamar de la falsa abundancia,
en el emporio de las exquisiteces;
alegre es, herida por la luz,
el cirio que no se apaga,
alegre, la Verónica
que le besa las lágrimas a Dios.

Primer amor

Recuerdo la piel del sol cuando nos despedimos.
Embotellamos el tiempo y nos hicimos promesas
alzando nuestra inocencia en copas que no se romperían.
El árbol bajo la espuma era, él mismo,
un horizonte escurridizo,
un peregrino perdido en el martirio de la belleza.

Nosotros festejábamos el olvido que nos haría felices.
No supimos qué pájaro secuestró la voz, entrampó al viento,
el río solar de la muerte navegando el anillo,
todo lo que sabes que no podía decirte: el asta del sol
creciendo sobre el silencio herido de tu respiración.
Tú saltando de tu nombre a mi nombre
el dédalo lunar del relámpago; el llanto,
el lirio espectral mojado de enigmas.
Desnuda caminabas como el agua sobre la arena.

Después las islas del sueño,
el largo camino protegiendo la espiga,
la canción del primer fuego,
el sollozo de la flecha, la euforia del alma.
El pico alegre del silencio
y la timidez con que cimbramos el cielo.

Sobre escorias la lluvia deja su ojo estival
y confiere un sueño a la sombra.
La noche por existir descuelga la rosa de tu frente
y yo en la memoria, te amo sepultado en tu niñez
recordando el motín de la piedad,
la voz desenterrada como un barco,
la paloma que nos crecía en los labios.

Mensaje en la botella

Estás en algún lugar distinto a mi recuerdo.
Darío Jaramillo Agudelo

El pájaro sin volar entró en la distancia
y el centinela quieto vio su sombra
bailar desobediente.

En el tiempo de llamas que no se apagan
una voz de mujer me persigue,
un aliento que toqué con mi lengua,
una piel que escribí con mis dedos
es en mí descalza, desnuda.

Estoy en otro sitio
puliendo el mismo fuego:
resucitada vive una muerte que no se gasta.

Te conocí en una fiesta,
rielábamos la paz con aquellos pelos largos,
leíamos libros prohibidos
y escuchábamos a Pink Floyd.
Fue el tiempo en que las siembras
se fertilizaban con consignas,
y aún había balcones en La Habana.
La Habana, ciudad de muchos muertos
empaquetados en el olvido,
de tumbas talladas en el ojo del viento;
ocasos enquistados en la opulencia del polvo,
del glamur de una carcajada en la oscuridad.

Tiempo en que se repartía una sola cabeza
y se decía pájaro para que todos cantaran.

Yo le di la razón a tus locuras,
sabías malas palabras que no existían,
sabías podar en silencio
el ojo blanco de la tristeza.
Eras en el espejo de la noche
el pájaro de agua y fuego.
Levitabas como una paloma
en el vendaval de la luz,
antorcha lamida de onomatopeyas.

Sabías mirarme con tus pechos;
en tus piernas lloraba un sol
de líquidos puñales cuando cerrabas los ojos
curvando el cielo
y después mirabas feliz
como un crepúsculo en olas.

Un día por las calles el ruido de una estrella
como vitrales rotos, la angustia recostada en la mirada,
un instante de todos los deseos
nos llevaron al mar.

La última vez que contemplamos el árbol del Edén
tu mirada cojeaba como piedra en la cascada;
no sabías que la muerte era una casa segura.

No caminé sobre las aguas,
pero un amor más grande me llevó a la otra orilla.

Me fui amándote, mendigo aún de tu voz herida.

La soledad son andamios bajo la piedra del cielo,
decir de cada muerto el silencio que los mantiene vivos.
La soledad es alguien que moja los pies
en un trozo de mar cuando tiembla una espina larga
en el chispazo de otro nombre.

El que está solo
abraza la pureza del desamparo arañando los perdones.
El que está solo
desviste estatuas
en el olvido.

Nuestro amigo del alma

Nuestro amigo del alma,
mujer de tapia y sexo, no morirá.

Después de nuestras cenizas infantiles,
de nuestros espejos taciturnos,
oh barcos apacibles restándonos el sol
y los vidrios del dolor sin dejarnos ver.

¡Nuestro amigo! Mujer, nos alejaron las bocas
por arpas gloriosas y pájaros sin sangre.
Mujer de alma y sexo, nuestra tapia
alumbrará según los niños,
aunque en nuestros ventrículos nos resten las lágrimas,
nos pongan otra piel en los espacios extraviados
de pájaros sin sangre y arpas traficadas
nos cosan sus bocas y sus bocas lejanas pudran
el silencio o el ardor de los niños que somos.

Y el amigo del alma, mujer,
por fin incinere la tapia del miedo
en nuestros vientres amarrados o imposibles.
Nieblan arcángeles sus espadas inundadas de tierra
y el cielo se nos cae.

¡Oh mujer! ¡Amigo del alma!
¿Qué distancia habrá entre nuestros hijos
y nuestros hijos de sangre?

El niño del bastón

A Lídice Megla

En los sueños el sol era un muro muy alto,
en su esperanza la oscuridad
se destejía como un ojo de arena.

Cada palabra era un libro.
Decía "luciérnaga" y la luna vibraba en su constelación.
Al susurrar "faro", "lluvia", "hormiga", "velero",
un papalote latía en sus visiones.
Los pasos amigaban los caminos,
le acercaban el horizonte.

Cuando su madre lo abrazaba olía el mar.
El viento le escribía el nombre de las flores,
el caligrama de la espuma.

La brisa deletreaba el escándalo de la cebolla,
la juerga del café, el silencio de la paloma,
el pan al horno, el tomillo en la ventana;
la risa de sus amigos
como un Braille de colores.

Cada sonido era la ola breve
desnuda de su universo mágico y solo,
un pentagrama impalpable de íntima luz.

Supo abrir puertas al silencio
y el silencio era la puerta.
Dormía.

La noche le caminaba alegre de oreja a oreja,
sobre un pájaro su calma encrestada
en un tímpano de insomnio.
Supo que los gallos no eran trenes,
que los trenes no eran cascadas.
Supo del goteo de campanas por una niña en la sombra.
Supo que la muerte es el arca de Dios.

Horas después de salir del quirófano
vio entre la neblina vencida, por primera vez,
la sonrisa de su madre.
Luego los relojes y los animales del espejo,
el pelo suelto de las muchachas
y la rosa herida en la garganta.
Los ojos de su perro.
El hambre de los lobos.
Las soledades.
El mundo.

Niño lamparero

A Alexander Doblado

El mar cura la herida de todo barco que pasa.
Cada flor tiene una linterna de polvo en su sangre.
En paisaje anónimo la luna reconcilia a los muertos,
la plasticidad del vértigo y las estrellas
son carne de la muerte.

Ahora el grano de arena
no es el olvido en el espejo olvidado.
Ahora el grano de arena
sabe donde comienzan las aguas,
cuáles huellas pisan los inocentes,
qué dedo imprime
la cartografía inagotable,
la breve algarabía de vitrales
al silencio.

Antorchas como lanzas dormidas cuadernan bóvedas,
simetrías del paño inasible que la luz pulveriza.

Un niño lamparero tripula la noche cavada en el amparo,
la luz insondable pastorea en su reino
las sombras que despiertan.

Quien soy; quién

¿En la alquimia de tu alma
seré el fantasma que regresa para perfeccionarse,
seré la noche que se arrastra como un látigo
en el rapto visible de tu fabulario?
¿Quién, cuando la muerte vestida de novia
se pasea de un reino a otro reino
sin decir adiós;
quién, cuando los parientes del dolor
regresan del destierro?
¿Seré el niño montaña, el sol espiga,
el centauro en la nave de los arqueros,
el ángel vital que desfallece
en el sudario amargo de la luz?
¿Quién soy en tu muerte propicia,
quién en tu agonía desalojada y pulcra?
¿Quién cuando el beso guardado
no es el tizne del lamento?
¿Quién soy, alma, cuando no te veo,
cuando tu recuerdo levanta una cruz para mi música,
cuando en el cuerpo de la ausencia
el silencio escribe tu nombre sobre mi nombre?
¿Quién, en la premura envejecida del cielo,
quién en el coro de tu susurro?
¿Quién, cuando la muerte urge con tu alegría
mi desobediencia?
¿Quién soy,
cuál pez en tu rosa magna de espejo y paraíso?
¿Quién, siendo el único en el sepulcro que atesoras,
quién, cuando robo a la muerte
los milagros?

Al final

La soledad fue en nosotros claustro,
ventana oscura de pájaros sin alas,
angustia de tierra sin semilla.
un abismo atávico repleto de orgullo,
una desolación sin puentes,
      más muralla que el odio,
        más muralla que la lejanía sin barcos ni caminos.
Lumbre de zozobra y tedio en vendavales de sombras.

Así nos desdibujamos como la niebla muda
sin amor para entender.

Fuimos estériles hasta en la despedida.
La lluvia quedó escrita
con el más urgente de los adioses.
La noche, la más dulce y antigua de las madres,
fue para nosotros
sepultura.

Al final
me quedé con tu tristeza para cuidarla.
La acicalé con tu vestido de novia
para verla hermosa
subir
      al altar
          sola.

El tren de mi pueblo

El tiempo es una muerte de los tiempos.
Octavio Paz

Un día alcanzaremos al tiempo,
asistiremos a su entierro
sin ir más allá de la otra mitad sin luz deshabitada,
al columpio vacío que no se mueve.

Quizás el tiempo es una escultura de aire
en una cueva sin dimensiones,
o la espalda de la sombra en la brevedad que conocemos.
Quizás la mirada del Auriga.
La compasión latiendo.

¿Cuáles epopeyas son sin tiempo
sin la venda fúnebre de indemnizar la dicha?
¿Será una cicatriz en el vestuario de la eternidad?
¿La huelga de los ángeles?
¿Será un acordeón de veloces muletas,
el pensamiento que es jaula o la jaula del pensamiento?

¿Quién parpadeó para que el tiempo despertara,
acaso un cascabelero preso?
En la plasticidad onírica de la muerte
el tiempo es hoy adivinanza, mañana será pupila.

El tiempo es la instantánea de la infinitud,
la paloma en las manos del Mago, el jadeo del silencio.
El tiempo es el calidoscopio de la Muerte.

Un día de semana sin permiso.
Un olvido con todas las letras.
Pero en el andén de mi pueblo
el tiempo es un muerto que desfila y bosteza.
Un mal entendido. Un apagón diluviano.
La olla de presión que No e'.
El tiempo es la libertad al revés,
es el libre albedrío de las marionetas.
Como la noche, el tiempo es
la otra huella de una gran pisada.
Es el mural de los condenados,
de los que llegamos puntualmente tarde.

En el andén de mi pueblo
la gente habla con la mirada
y se saluda por la radio.
Son heroicos fantasmas
ataviados entre espirales de miedos.
Yendo el silencio y la sombra contra
la sombra y el silencio como un carnaval fúnebre
de envenenadas memorias,
donde amontonan sus deseos las nuevas hachas
y los muertos permanecen desnudos
trepando la eterna noche.

¿Allí en mi pueblo será el tiempo el teorema del pecado?
El tiempo allí es el carruaje del sufrimiento,
el crimen de la maravilla.
Es el cabildero de los difuntos.

En mi pueblo
el tiempo es el llanto sin Dios.

A la luz de un tango

Cada 65 segundos, alguien en Estados Unidos desarrolla la enfermedad
de Alzheimer por primera vez.

Herido de ceremonias posa el arlequín ante el espejo:
una mujer se desviste sin haber llegado.
No desespera, pero el bote hace aguas.
Marchan por el espejo estrofas en rebeldía.
El fugitivo tiene cosida la huella a los pies
como una herencia que empuja
y desangra en almíbar
su corazón tullido.
En el licor de la noche,
algunos pasean sus prendas como estatuas enojadas.
La mujer de tantos nombres regresa
como un pájaro por su canto.
El bote hace aguas,
el arlequín no desespera.
Resbala del espejo un sol que regresa del convento de las furias;
en el muelle de los olvidos
la nieve levanta flores.

Quién sabe cómo en el alma la muerte guarda sus testigos,
en qué minuteros divierte sus otros rostros
sus pájaros de pan.

Mujer, en tu ser la muerte es flamenca
y muerde al alba su semilla.

Se duerme el arlequín ya sin espejo empolvoreado
con lágrimas del porvenir,

soñando el exilio mientras amamanta la vieja fiebre.
La esperanza es el dorado más humano de la sangre.

Y una vez más,
en algún universo,
a la luz de un tango,
recuperan su bello rostro
los ancianos.

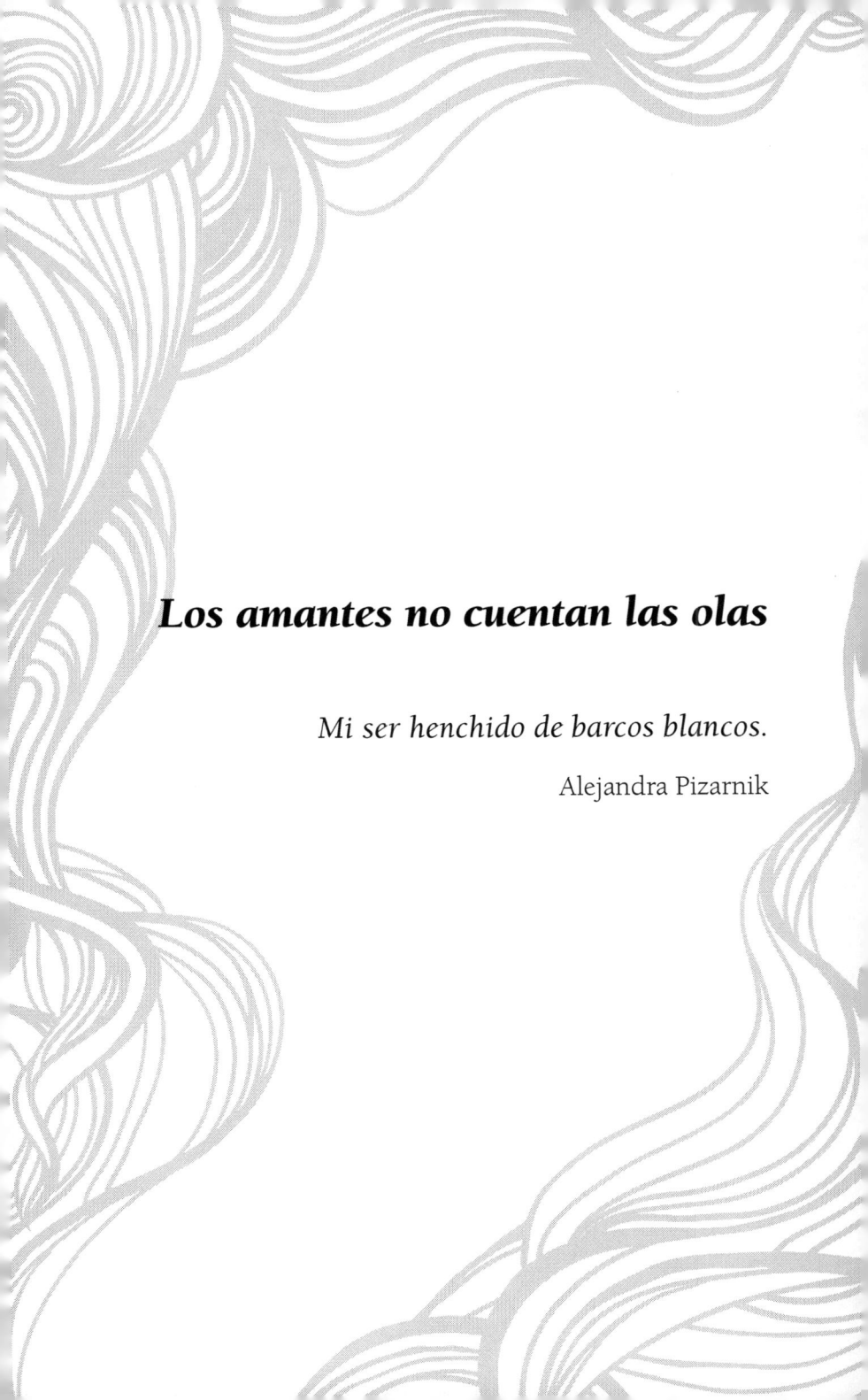

Los amantes no cuentan las olas

Mi ser henchido de barcos blancos.

Alejandra Pizarnik

El breve olvido

¿Por qué no una canción para el regreso?
Yanitzia Canetti

Vienes del tiempo que no recuerdo el rostro que tuviste.
Dulce rostro de insolente silencio que vive,
como la muerte,
en la comunidad de las veladas respuestas.

Jadea tu olor, por la niebla,
su estatua de un solo abismo.
Tu mirada como la de un niño ante un sepulcro alegre.
Tu rostro sigue en el anonimato
dejando autógrafos silentes
en mi memoria.

Son tantas las preguntas que por el viento gatean.

En la ópera de los remolinos
se orilla el sitio de la danza en que florece aún
el diamante bajo tierra.
Andan tus flechas de rítmicas acuarelas
protegiendo de la arena mi recuerdo sin lunar.

Sé que contigo volverá mi memoria a su país
y veré por tus labios
la última palabra que no dije,
la copla que el breve olvido se tragó,
la muerte que guardamos
para cuando nuestros niños crezcan.

Bajo las aguas

Hospedan una hoguera,
un remolino de sol entre los huesos,
un ojo para los fatigados,
una semilla de pirámide
para fundar imperios:
los amantes.

Cambian sus esqueletos los espejos,
habitan la noche
ya sin llanto.
Con un remo de sal,
la barca del tiempo,
en la puerta
como ola petrificada,
con un silencio
alumbrado de faisanes,
un mástil de empotrado cascabel:
los amantes gastan el olvido.

Y se duermen
con el mismo pétalo en la frente,
junto al capitán que vive
bajo las aguas.

Canto de dos

Converges como el silencio en los rápidos de la luz.
Dormida,
       eres cascada,
       lluvia que escribe sobre el agua
       los huesos de la espuma
       de un gozo incomprensible.
Desnuda,
       la ola que el viento levanta
       contra las sombras,
       el fuego inundado
       de tonos invencibles,
       sin harapos de sol
       el bautismo que apaga las lámparas,
       corona que rumbea en cúspide sin tiempo.
En cúmulos de asombros hermoseas el deseo,
la aureola de tus lirios frecuenta con osadía las tormentas.
Te nombro con mis manos
como el barro hechiza las constelaciones
y permanece virgen tu esencia en el natal abismo.
Soy en tu resplandor el bailarín
       que respira estrofas del tiempo
       y cava la fogata que desaloja los miedos.
Si cierro los ojos,
una gran luna pellizca tu sonrisa,
y viñeteo como un insecto el rumor de la luz
que tu piel adormece,
la cuerda de sal que al espejo bebe las miradas;
felices sobre el salto breve de la muerte
que en pétalos sucumbe.

Una sola eternidad

¡Tú arpas la sombra!

Soy en la puerta de tus vientos
        un árbol con alas en el pecho.
En tu alma los huérfanos se cobijan,
de toda ceniza revives los ruiseñores.
Estamos desnudos en la hojarasca del cielo.
Con solo una eternidad fragmentada
        regresas encinta,
la luna crece como una voz
        que se alarga y aquieta.
El sol está dentro de ti
        es un enano con un reloj gigante
        que solo marca los ceros.
Somos en el horóscopo del mundo
        unos náufragos.
En los museos del dolor
        nadie encontrará nuestra estatua.
Estando desnudos nos fuimos
        y ni la muerte ni la noche pasarán solas.

Estamos dentro de todos
y nadie nos encuentra.

La puerta de otra playa

En el portal de los colibríes
el pez cuida sus zapatos de arena,
preserva con adivinanzas milenios de imantación,
reino donde los espejos dejan correr sus bocas
al árbol que cede su cabeza encapotado en el cielo
y levanta en la playa de su nacimiento una guirnalda,
un racimo venteando la danza de las sombras.
El pez culebrea
como un insecto de muchos ojos
la hojarasca dormida y no encuentra donde esconder
a la muerte de los ladrones.
El ángel de azúcar lava su fuego en las fracciones
de una eternidad lúdica,
adolece las puntadas de lluvia
y pisa sin huellas el desmayo;
su fuego relengüetea el tótem de las maravillas
con alma profunda y sed de merengue.

Los amantes rinden sus olas en la mutua resurrección,
palpan con siglas irreverentes el rostro que se aleja,
saben con qué manos la muerte dice adiós cuando se arrima
y bocetea en tierra húmeda el desafuero del sol.

Desangran la taberna de los sueños sin duelo los ascendidos,
cavan, incurables,
un velamen con brújula quemante
los mendigos.

La rosa de dos tallos

> *Las caricias son de poro a poro,*
> *de poro a estrella, enloquecidas.*
> José Lezama Lima

La noche alargaba el hálito de las mariposas
en las alas extenuadas de su fuente dormida.
La noche es entre los labios goteras de reloj,
lámparas de rocío soterrando la luz:
corvadura de árbol en el pozo
al comienzo del mundo.

La noche estremece en su desorden de elástico jardín,
con ansioso ademán de liebres enceradas,
lloviendo sobre el mundo la noche más dulce.
Y son luces de madera en las puertas cenagosas del fuego.
Y eran aros de agua en la henchida
oquedad de la rosa despierta.
Brizna diligente de piano hundido
creciendo junto al temblor de la cruz en los labios.

Épico nace un cielo de otro cielo delicado
por la orilla de la voz
en que el trueno es hiedra del susurro
y el rayo el mimo de la luz que danza y florece.
Y los ojos clavos hechizados por la voz de la tierra.
Y los poros como insectos, ebrios de lunas,
dejaban su rumor
con la boca ardida y la sed vehemente;
que rodó al abismo más humano del principio.

Y en su oasis la rosa de dos tallos,
minúscula entre sus aguas,
prendió la noche con su frente torcida.
Y era al fin la noche áurea arrastrada por las olas,
entre las perlas de nervios que el aliento mordía,
con paladar enervado en las piernas del horizonte,
enarcando los lagos sensuales de atadísimos desafíos
en los labios blandos de las estrellas nacidas.

Sal dorada

La niña enterró su corazón bajo el árbol
y el pájaro que nunca vino
se posó en la oculta rama.

La niña no murió,
su anhelo fue el propio cielo,
la propia semilla.

Y en la soledad
sombreó un castillo
donde repartir cruces a los invitados.

Hermosa,
por un río lleno de peces,
se fue a la luna
y la verdad niña
todavía la espera.

Luz desnuda

Soy en tus brazos de un tiempo que no termina.
Florezco como un pez encendido entre tus columnas.
Viajo al sol en vísperas de lluvias
cautivado por la sed que me regalas.
Deletreo tu gema ardiente de indócil algarabía
en un mar sin cruz ni tiempo
y aprendo tu idioma entre silencios.

La noche en ti se detiene y se hace camino.
Mi sangre en tu nombre viaja adentro
como el sueño de un árbol.

Gotas de luna hincan tu pisada
de esbelta luz desnuda.
La noche, como un piano entre ríos,
se sumerge en esta fiesta de niños
y entretiene a la muerte
que todo lo penetra.

En tu dorado carmesí
me anega un fuego sin arrugas.
Me extingue el éxtasis
que me multiplica.

Nacer de tu vientre

Quiero pellizcar el sol
y que te crezcan los labios,
besar con tus luces la noche.
Quiero la muerte que crece en ti
como el niño que lo sabe todo,
domar las ascuas, las crines de tu aquelarre,
nacer de tu vientre como un cosmonauta.
Quiero entrar en tu capilla
y dar testimonio de esplendor.
Quiero respirar cuando respires,
y ver al fondo de tus ojos
el río de las palomas.

Un barco en su cabeza

Ella tiene un barco en su cabeza,
en los mares de su instinto se hunde y zarpa.
Paredes son los horizontes,
candelabros en medio de un bosque
como mástiles de otro puerto.
Ella tiene un barco en su cabeza
donde acampa la muerte su niño sin siglos ni banderas.
Truena en el póstumo silencio un golpe de alas,
olas son el eco de sísmicos pañuelos.
No hay puertos, no hay orillas…
El barco vuela en aguas gemelas,
el sol es proa y es ancla.
En el cuarto de las frutas un talismán peregrina la niebla,
en el chasquido del último pájaro
el sueño hace aguas y en un instante
se detiene la eternidad por un nombre.
Ella tiene un barco en su cabeza,
preludio de cítara diluvia la brújula.
La inmovilidad es el torpe asilo que sofoca
si espiga la procesión de enterrados cascabeles.
Se sabe que en la duda la muerte es persona.
El marinero hundido en el olvido
encontró una boca que lo nombre.
Como un velamen de raíces canosas la larga sílaba
de tus noches soleándome la cruz que me sostiene.
Un barco zarpa y se hunde en la luz salvaje
con su radar de lágrimas, su alcoba de espumas.
Hoy se acumulan los caminos, las mansas estelas
y la muerte saluda con un pájaro atado en cada dedo.

Abismos

El cielo es otro abismo más alto.

Octavio Paz

Desde los siglos que no han sido contados,
desde los anales de la discordia
que el tiempo viste con el ímpetu mercenario del olvido,
juntamos las orillas habitados por un mismo crepúsculo.
Un fuego sin letras arde en tus labios
cuando dices mi nombre.
En tus ojos se ilumina un séquito invisible
que alza su coral en tu queja de ángel.
Somos los niños del abismo,
desnudos,
con la sonrisa única de un alma total.
En medio de la absoluta pobreza enaltecida,
en el punto efímero en que nace
la distancia de encontrarnos, muy adentro,
tu orquídea cárdena de suave marea carmesí,
y el faro de altos vientos,
de lágrima ardiente, besando el culmen del origen
como el dedo más caliente del sol.
Sana tu cintura la cicatriz del agua
llovida de milagros por la tierra.
Hacha melódica de pétalos oscuros
desenterrando el llanto
con la dulce canción de las vigilias.
Árbol robustecido en las ventana del cielo.
¡Hay abismos! Pero en ti la noche
entra con su barco y engolosina al pájaro del delirio
en el cofre de los perfumes.
¡Hay otros abismos! Pero muy adentro escribe la lluvia

su estatua acústica con penacho de cincel.
Y en nosotros, ya sin frentes ni orillas,
un piano de rítmicos laberintos
cae como una hoja que el viento acaricia,
por la sangre del cielo.
Rosa antigua, indecible que la sed alaba
zurciendo la herrumbre de todos los naufragios
con los aromas de su relámpago ecuestre.
¡Hay otros abismos! Y hay también otros silencios
en la noche pellizcada de incógnitas,
de un cielo de piedra
que ofrece el sol en jarras, con la muerte viva
acostada en el miedo del hombre.
¿Sanan los amantes la herida del huerto cuando se besan?
¿Ignoran los felices que la muerte es una infancia eterna?
Los amantes saben que la muerte los prefiere
con la frente encalada de silencio.
Saben que la muerte perfuma sus nombres,
pero que Uno solo perfumó a la muerte.
Saben que la noche tiene piernas largas.
Que es hermosa la noche. Pero no es destino.
Aunque en ella se diseñó el gran reloj navideño
con que laten los amantes.
Y ya no se pueda descolgar el cálido polen
que hace florecer y evaporar hasta las piedras.
Amantes que cuidan, unos la estrella,
otros al Niño de la paloma, mientras se escuchan
los lejanos riachuelos que se acercan.
Y es nunca como un reloj ciego
y es antes como un remedio tardío
y es después la ilusión del pensamiento
y es ahora el ancho cauce de la luz,

siendo sin nombres por todo el incienso
que el amor derrama.
¡Hay abismos!
Pero cuando estamos el uno en el otro,
centurias que no han sido contadas,
como un solo cauce, un solo río,
la muerte es la colmena de lo excelso,
morirse es el abismo perfecto:
la luz se derrama en la mirada del delirio.
Y en el huerto la muerte sigue siendo el árbol
que extiende sus ramas más allá de las rejas.
Porque el que salta diseña su propio trampolín
y no hay un solo día de amarse enterrado en el cielo.
Pero si hay otra voz que los cuerpos desconocen
o se callan, como la música de las palabras no dichas;
de esas que el gran silencio se guarda para sí.
¡Hay otros abismos!
Pero los amantes saben que la soledad limpia los ojos
y que en la intimidad del alma
aguardan todas las respuestas.
¡Hay abismos!
Hay abismo en la belleza que conocemos.
Abismos en la belleza que ignoramos.
Y entre un abismo y otros,
el eco que se autocomplace moribundo.

Espejo sin paredes

Lloramos.

En el hoyo de nuestra sed creció una escalera.
Tus ojos se enredaban en la trenza del cielo.

Yo entré a tu pecho
como un crepúsculo en aguas.

Somos en un espejo sin paredes
un mar de una sola ola.

Somos el pájaro que alcanzó ver
cuando ya no podía volar.

En los ojos del ciego
el viento sigue siendo el cartero.

Tú mueres muchas veces

Mi novia murió
pero yo la escucho,
parpadea su cintura en mis visiones.
La noche es un faro de vigilias
y en aquel temblor en que la muerte nos abre los brazos,
tú mueres muchas veces,
yo una sola vez.

Mi novia calla,
su fuego es sabio.
En los hoyuelos de su ternura
yo callo también.

No sé quién ríe

Niña hermosa, mi necio dolor te prefiere.
En el patio de las estatuas
abro los ojos y no te encuentro.

¿Es la amiga soledad tan elocuente
y tu ausencia otra estatua dormida
en la colmena del tiempo?
¿El silencio, la prosa del buen testigo cuando la niebla
levanta techos en la falsificación?

Mi amor también te prefiere: vibras,
te arrastras como una gota de luz en mi sangre.

Siglos atrás dormimos,
fuimos sombras de luna en el sueño
y tú no quisiste escribir mi memoria en piedra.
¿El dedo insomne de la luz esculpirá la última noche?
¿Ves el futuro?
La muerte nunca se aleja,
crece callada.

Cuando el gallo de las mieles silba,
el sol muerde al mar con su flauta.
Yo entro en ti como en el ojo del tiempo,
tú me multiplicas en tu reino,
en tu ombligo de arena.

Despierto como un crepúsculo,
entre ríos se posa el árbol que tu entraña lacta.
No hay máscaras invitadas

y un eclipse inunda al pez que salta
de tu boca
a mi boca.

Son tantas las páginas del sueño,
que no sé quién ríe.

Niña etérea,
la fiera está en una jaula de piedra escrita
y ni la muerte tiene una flor
que regalarle.

Gaceta de empeños

Escribir puerta con piedras grandes,
cantarle a la lluvia las sombras de otra edad.
Juntar árboles bajo el mismo entierro,
ver el pájaro que calló antes que el espejo un trote de fama,
los dientes que el ojo del cuervo blanqueó silbando un recuerdo.

(Mundos para el asombro tus ojos cuando despiertan.)

Diciembre en las llaves del tiempo,
la niña de la última ventana,
la voz que la muerte pondera sobre un crisol de sacrilegios,
la culpa vacía en el relieve de una voz,
la cúspide de un umbral de peces con máscaras;
gente buena que cultiva momias para los suicidas.

(En ti duerme un sol escondido.)

Pasear al perro por los sueños para que no ladre
el ánfora de un mar devuelto en ecos.
Respirar cuando el botín se alarga como una gota
                          que se inmola en el viento,
como una gota de semen abismando el posible itinerario.
El canto de rodillas.
Los mundos encontrados.
La distancia que no existe,
pero morimos lejos como muertos sin permiso.
Y nada en el paisaje se mueve.

(Mi corazón estremece tu clítoris campana.)

Escribir puerta y alzar los ojos porque se abre.

Para confundir a la muerte

La muchacha de la tormenta caza relámpagos,
recita un infierno,
funda clausuras con su abanico,
da limosnas al sastre que le organiza los sueños,
tripula un coro hermético de eficaz inercia,
anilla su anecdotario a la gotera del sol,
       a las ráfagas de un mar que conspira,
esconde en su estanque
       un surtidor de dulces torturas
y desarraiga en incendios
       la fronda de atemporales molinos.

La muchacha es ella misma su propio recuerdo,
llorosa carena un retorno anclado
       en el minuto perdido de los siglos.
Fontanera de la eternidad, alarga los oídos a la muerte
       que guarda la leña bajo la nieve que arde.

Ella es la tormenta que limpia y anuncia
       las tumbas con un violín.
Ella sobrevuela el círculo dorado
       que no sabe quién dispuso
       mientras con simiente en su cuerpo
       remansa un insomnio,
       que es de dos y es de fuego.

Y confunde a la muerte
que busca en cualquier sitio
la paz de los amantes.

Cuando tú no estás

La ausencia es una melodía de sátira inversa,
una muerte sin armas,
una mesa muy larga.

En tu ausencia escribo con luz negra el dolor,
el desvelo cosido a la boca su mástil de aire.

En tu ausencia la semilla del pecho olvida su ruta,
el mar se vuelve el ojo que no canta,
el sol la flecha que se apaga.

¿Quién limpiará el espejo de la noche,
quién leerá la transparencia de la sombra,
con qué amuleto vendrá la muerte?

Amor, cuando tú no estás
solo Dios me encuentra.

Una mujer siembra en el sol

La lluvia hace en ti una montaña,
un estuario de relumbres
con músicos para la emboscada.
Miras sin peligro los mares de una lágrima,
la insania del rencor.
Tu rostro es la silla de todos los conjuros;
tu recuerdo, el tiempo parido de relojes,
        un pacto de niebla si el sol te ve en mis ojos;
        los fuertes vientos lejos de la flor,
        la amarga siembra y sus barcos como murallas.

Iré despacio,
seré el muerto que escuche los augurios,
que le tiemblan en la sangre las soledades de otra llamada
sin poder en el llanto resucitarte,
ni vestir de azul a la muerte
para que ayude con estos asuntos.

En su hombro el horizonte no termina,
los pájaros prometidos volaron sin cabeza.

Con mangas de opio
una mujer siembra en el sol cruces como delfines.
La noche se aleja de sus brazos.
En sus ojos el fuego tuerce navajas,
una luna breve
parlotea laberintos.

Mujer sola

Aquel a quien buscas, cantará.
Adam Zagajewski

Sé que en tanta distancia, en tanta geografía paranormal,
me miras, me sientas a tu lado,
escribes bellas palabras mientras me hueles, desnuda,
y un bocado del bosque camina tu paz como un cañonazo.

En tus noches mis palabras tienen boca,
manos frías que no acarician la llama,
caballos salvajes heridos
de resplandor en otros sitios.
Sostienes en la nostalgia con zancos
mi vieja ropa,
la joven mirada cuando nadie existe en tu patria para el olvido.
Y me haces reír y me elevas
como un pino bajo tus nieves.

Sé que con cada anuncio de lejano paraíso
        me meto en tu silencio,
con cada piedra de campanario,
        en tu piel con hambre.
Sé que cuando la mujer está sola
        el cielo es frágil,
        es muerte celosa,
        tumba en el destierro.

Sé que por eso prefieres el óleo de la imaginación,
que puede ser eterno como un suspiro del antojo,
que puede ser breve como un pájaro en la ventana.

Silencio de mujer

En el sitio del comienzo
el milagro condecora a la muerte.
Cruje el destino festinado su oficio de tinieblas
            por los caminos del moribundo.
Y es que le pesa la mirada,
sus párpados del miedo.
¿Teme un encuentro sobre el filo de la lluvia y sus imanes?
¿Qué estatua llega por su memoria al porvenir?
Arrullan caballos salvajes un silencio de mujer
y en el dolor se recomponen los dulces pedazos
y su salmodia del abismo.

La cuerda de la espiga

Tú andas en mi cabeza,
algunas palabras solo existen cuando pienso en ti.
El mar es la longitud de tu presencia, tu estela,
como abalorios de sol que no queman.

Te oigo sonreír y sé que un niño crece en tus ojos.
Solfeas el silencio.
Un imán de lírica encendida
con pasos cortos para la eternidad.
En tu vehemencia mis pájaros son una multitud.
Si bailas toco los carismas,
los harapos del miedo no son invencibles.

Cuando la muerte me crecía
como un árbol para todos los vientos,
tu alegría puso en mí su campanario.

Mi abismo modelaste con una flor única
y ahora es fácil verte delirar cromada en mi saliva.

Yo escribía para decir de otro modo mi ignorancia,
ahora escribo para amarte,
para verle abrir el ojo
a la fiera muerta.

Metáfora de lo imposible

Un sol, quizás un sueño en piedra,
transcurre en otro fuego.
El alma de la inocencia es un labio cerrado,
un paso de niños que no hace camino.
El río del tiempo se detiene en una lágrima,
un espejo soterrado de dos
que se desnudan
y no se encuentran.

Sufrir por no sufrir no es parte del sueño.
Debajo de cada árbol el nido de la noche
y una mujer que tatúa un ancla,
una flor de fuego,
una orgía de otoño
como un elefante harapiento que nadie verá.

Y un marinero abre sus brazos sin timón
porque el mar lo quiere todo.
Un sol y la audaz virtud de morir responsablemente.
Y el destino inconcluso y una sortija bajo el agua
como una escuela alegre.

Y dos niños
que no se sueltan las manos aunque se hundan,
ven en la vidriera del futuro el temblor
y el parto.

Se muere lejos

Tu sombra es una muralla clandestina,
un pétalo oscuro sobre bocas que lloran
el fuego en la memoria de los muertos.

Trepan animales el escote de un candil en la tristeza,
trepan la mordida del sol
en las espuelas de los gallos.

No es fúnebre el canto:
la lira cruzó el atrio de los fetiches,
desviste un ritmo la muerte
e hipnóticos enemigos rinden sus máscaras.

Tu sombra piensa el silencio,
truena el cielo en tus ojos un licor de maracas.
Tu encanto rifa la herida
y sienta en la cabeza del gato
una flauta mojada de aforismos.

Yo camino tu sombra.
Soy el equilibrista de crípticas arengas.
Sigo hundiendo mis manos
en una guitarra que se muere lejos
con otros animales
que miran cómo cantas
y pesquisan refugio
en los peldaños del viento.

Los cántaros del cielo

Lágrimas o campanas,
trenzas de un silencio que apagan el peligro
si la noche alcanza entre tus brazos.

He regresado para ser el náufrago,
tu idioma enaltece morirse,
la luz tiene un parto:
el olvido es una memoria mayor.

Cuando tus labios saltan como delfines,
desnudo,
yo visto como un rey,
fija el sol los laberintos
y tu estatua rebelde
protege mi alegría en los cántaros del cielo.

Y en todos los puentes,
y en todos los navíos,
mi muerte pequeña hace camino
y ama los epitafios
de tu virginidad.

Al fondo el horizonte

*Todos los posibles atraviesan
la puerta de los hechizos.*

José Lezama Lima

Reloj de arena

Crece en el horizonte un barco fantasma,
su rosa de polvo, su boca de viento.
Izan el olvido con vida propia y ecos que se repiten.
¿Cómo me tocó la luz, lejana su ancla,
hundida en los insomnios?

Regresar será fácil.
La muerte, como una ficción,
no exige nada
y el reloj de arena encayó sin mares.
El árbol separado de su sombra da dos frutos.
Uno para la misma soledad.
Otro para el reencuentro.

Confuso por la premura,
el viejo búho ve la luna como un pastel.
La nostalgia y el deseo cuidan la misma silla
porque en toda tormenta
asoman algunos
que no han sido invitados.

Cofre abierto

La luna como un pez vuela y entreteje
los caminos del cielo. Se esconde.
Va y viene entre las olas del temporal:
su dédalo de hojarasca
en la sed de las gaviotas.

Una luna de incienso embellece tu adiós
y el tiempo abre sus horas
de brazos apagados con los que no puede tocarte.

Es estación sin luz y la soledad
me presta su garganta,
donde tiene cada siglo herido
segundos héroes con rostro de demora.

Llega el otoño:
los pájaros trasladan el cielo sin urgencias.

Llega el otoño:
la noche es el cofre abierto de las indulgencias,
la primavera de los entusiastas.

La noche clava la dicha
en las venas de los que sufren.

Una casa sin tiempo

Prófuga celadora, ¿cuál de mis vidas ahogas en tu hoguera?
Bosquejo en tu ronda la música del fuego,
la muerte que me das de puertas abiertas,
yo remo en tus ojos mi propia agua.
¿Por qué bajo el mar no sembramos el árbol de todas las noches?
En la lágrima de cada uno
   la muerte duerme las alas crueles
   que no mueven la oscura majestad.
Si te mueres harás de la muerte altar
y encarnará tu silencio el pájaro que cruza los herrajes
y musita el nido de única joya.

Ciego y sin caminos tiene el olvido sus maletas llenas:
   yo sabré esperarte,
   yo sé la cura mordida de tu trébol,
   yo sé la luz que te esconde en el mundo de las formas.
Luce mi sombra la caja mágica de tu silencio,
pero te conozco, te he visto bailar por techos y barrancos.
En nuestra orfandad invicta moriremos con mayúscula
   para que nuestra eternidad sea.

Los brazos de mi muerte también son tuyos:
   yo conservo la luna de todos los relojes
   que me regalaste.
Callarás mujer tus flechas de agua
   pero el mar nos devuelve a tus ríos.
Cinco pájaros podan la sombra del árbol
y el mar nos retorna
a su casa sin tiempo.

La vela

Llena de siluetas la oscuridad tranquila.
Despierta asoma fantasmas por las esquinas
goteando en la noche la ilusión que hila
fábulas con disfraces de fieras marinas.
Y mientras la diminuta baila, se perfilan
sombras transparentes que son amigas
de la imaginación y con el miedo consigas
mitos de muertos que por vivos desfilan.
La que es indefensa y con su llama alumbra,
llena las paredes como espejos de gigantes,
hermanos de toda vigilia que danzantes
inocentes y solos se ríen en la penumbra.

Endecha imprecisa

Mis animales te esperan con la misma sed.
Llegas a la noche como a un espejo,
te lo quitas todo menos la mirada.
Desnuda guardas un sol para comerse.

Desapareces,
conoces de luna a sol mi propio barrio.
Yo despierto como un velero en la frente de un preso
o el fruto en el aire
que sabe su destino.

Despierto.
Ríos oscuros atraviesan el péndulo de la noche.
La noche me mira como un ojo
y en su muro el sueño se destiñe.

Cada pájaro es un puente

Sobre un tatuaje escurridizo
me alcanza tu estatua en olas,
un astro de origen se tumba en el fuego,
burbujea inclemente el lirio de la cueva,
se complace en la elíptica de los perfumes
el océano que tala el sollozo de la piedra.
Entonces añoramos de la muerte su fiesta imposible,
y entre soledad y soledad
delira su cera inconclusa.

En toda tormenta, eclipse o destierro,
el olivo se levanta atado al trueno
y su anís de caudal vertiginoso
existe a pesar del sueño hermético de los gallos.
Precisa en el puntal invisible un remolino que aposenta
el repique de la profecía, animal de muchas madres
apuntando a la muerte con el silencio de su sangre.

Y la muerte olvida su oficio ascético,
su dédalo en rapsodia,
su lagar de trono errante conjurado de perdones,
la palpitación de un rescate,
un coro diluido en el rapto de los incendios.
Y cae la noche, los espíritus se entregan,
cae como un campanario de interminable silencio,
como un sepulcro sin hueso para violines.

Cada pájaro es un puente
que se escucha desde tierra firme,
un ala en tumulto en la fiebre del sol,

un lirio de sal reconciliado a las lujurias planta símbolos,
sílabas veloces,
un bálsamo tripulado por el idilio
de una muerte sin clausura.

Y cuando muero,
tu muerte es el pasaje de la gran fiesta,
el fruto que busca el dedo
de las lámparas que se oyen.

¡Sombra, eres niña!

A Raquel Rodríguez

La sombra entró.
Se sumergió en la luz.
Y como niña miraba todo lo imposible
desde el regazo del asombro.
Bailó en el curso con el claustro de su libertad.
Pequeña sombra nevada con los hilos del fuego
que pregunta:
¿Ves los rumores erguidos del destino
que te alzan en su canto de aguas
para que tu flor sea escrita en todas las distancias?
¡Sombra! Eres senda,
tapiz humilde de todo lo que se levanta.
¿Eres la virginidad que el olvido persigue,
el ángel guardián de campana muda?
¡Sombra! Eres niña, memoria de la noche
con su apellido real del tiempo.
¿Qué parte de los sueños mojan tus ríos?
¿Eres hija de los deseos,
acaso el pájaro que la mujer esconde
en su corazón amanecido?
¿Eres antorcha del silencio en que espejea la luna
su eternidad mentida?
¿Quién dejó en ti la huella del rescate,
el jardín de la primera infancia?
Sombra, eres el chispeante epistolario de la noche,
la bailarina clandestina que todo lo que vive rubrica.
Eres el coro de los templos perdidos,
el carruaje surtidor de remotos eclipses.

Si no, ¿con qué canto se inunda tu sangre,
qué mar te devuelve el espacio de estatua
en que penduleas sin gloria?
¡Sombra! Escritura que regresa al fuego,
rebaño en calma que el eco distrae
en su taberna de imágenes.
A todos asistes y todos te dan la espalda.
Solo la luz inunda tus sótanos y repleta tus puentes.
Eres el establo de la flecha perdida,
enmelenada en la alegría del árbol,
cosecha abandonada entre ritos y arpegios de islas itinerantes.
Sombra, estrella desmayada en el tejado de la tierra
como un lienzo vivo, ¿quién puso de rodillas
       tu diadema de ángel?
¿Quién te dio grácil piel de mujer multiplicada
       en todas las cosas?
Como ella, eres puerta donde la imaginación palidece
y aprende otros caminos en el séquito de la aventura.
Elocuente demarcas las orillas con tu espuma luminosa
       de dedo infatigable.
Niña, tu barca delicada de piedra verde duerme sin anclas,
       sin himno ni banderas.
La penumbra orquestada por los hijos del humo
te persuade para que a la paz renuncies.

Niña acostada que bailas con los caprichos del mundo
y esperas indescifrable por la lámpara que el sol te prometió,
no subastes tus alas en la última hora del alba.
Mira cómo tu sombra anega de frutos
la tibia arboleda de la espera
y acerca desde siempre
la bendita resurrección.

En las sombras, los milagros

Ovillas interminable un dardo
en la celda de los prodigios,
diamanta la tregua
y raya un soplo
en el párpado ebrio del corsario.

Se anticipa un pájaro en la taberna,
foráneo es el eco de sus huesos.
Un astro de bolsillo eleva el jardín.

No sé en cuál de estas muertes
iré a encontrarme contigo.
Rumian sagradas gentilezas
los dulces suicidas
y en el sol callan una tumba.

Cuando me das tu silencio,
yo digo tu nombre.
El silencio es toda la evidencia
que el espejo persigue.

El poeta es el exorcista
que perfecciona en la sombra
los milagros.

Tejedora de enigmas

A Ana Margarita Mireles

Con ojos de águila quiromante
y un río bebedor en la sonrisa
haces reptar al gato y maullar a la serpiente
en la misma cesta en que adiestras a los ángeles.

Tuya es la silla de la luna y la copa del anillo.
La flecha del tiempo y la alquimia de la soledad.
Y la cruz del fuego joven, y la fuerza de la loba
que no muerde ni huye porque levita;
porque es manso su laberinto, su trono de aguas,
porque pesquisa la muerte, manjares que ya son tuyos,
por los techos del Edén al pez de muchas sombras.

Cuando el pájaro es anónimo, el árbol es sendero
pero los caminos duermen y los pájaros queman
kilómetros de sueños.

Gitana, en las rimas de la memoria tamborilea el espacio
de una rosa las barajas del azar y silva en atrio acústico
la inteligencia los números de tu nacimiento,
un festín sosegado de cábala, axiomas e intuiciones
que el mar abreva en la orilla de su voz.

Pirómana, entre estatuas pasa tu paloma,
parchando la eternidad,
cauterizando la espuela de los mitos.
Mientras allá en el mundo los juglares
musean el talismán de los mendigos

y beben en odres de papel la hojarasca de la gloria,
tú constelas en el barro con pocas sílabas un latido,
limpias el desorden hambreando los relojes
con que la muerte saldrá de sus andamios.
Tú escapas con un silencio que no permite cortejos
y sanas las fieras que pasan por tu lengua.

Al centro de la mesa

Al umbral del bosque llegó el ausente.
El río que limpia los espejos ya no atraviesa la casa,
un coto de silencio desaloja el bazar de las preguntas,
la forma de un saludo desamarra la sombra que lo acompaña,
la última flecha dejó una lámpara de humo
en el ruido de la soledad.

Al centro en la mesa hay un mar sin orillas,
una nave de sortilegios, palabras quietas que arden
como huesos que duelen a los muertos.

En las nupcias del recuerdo,
veloz como un delirio,
sentado sobre el dolor el ausente mira lejos
para no ver nada:
solo en la quilla del cielo a una hilandera
y a un ángel con el prólogo de la censura.

Una mujer sin la noche

La noche afuera es un camino interminable,
una puerta que da a todos los sitios que no son.

Adentro la noche es una mujer que no quiere irse,
que no sabe cómo apagar la luz para que amanezca.

Una mujer sin la noche es aquel animal que pernocta
en la lengua de un silencio rabioso,
de un fuego que no alumbra.
¿Mujer, por qué malgastas una muerte sin nombre
y entierras tu campana en la montaña?
¿Trasquila el ángel del deseo las alas amuleteadas
de un festín?

¡Oh, mujer, ya el pájaro no tiene un minuto en su cabeza
y un hombre en su velorio te besa los ojos!

Será la sabia paciencia el pétalo de la noche,
el cristal de la lluvia
o el abrazo de la muerte.

Té caliente

La cuerda que liba
está mojada de un ancla silente
o cascabel callado.
Centellea la fragancia
del tímido estanque
en que el paisaje mora.
Niebla dorada
que alarga la noche.

Dedo

En este vértice de fuego
un mundo colmado de recuerdos
rumia la ausencia.

Práctica del derrumbe

El destino plagaba en tu esbelto cuerpo
su desnudez de trampa.
Yo bebí sorbos de tu laberinto
y acepté la promesa de su jaula.

Nos abrazamos y compartimos largo nuestro museo de querellas,
de látigos que rondan la precisión de la costumbre;
como un remolino de estoicos espejos
que atraviesan el puñal de la propia miseria.

Y despertamos la estatua del silencio
sin porvenir ni pasajeros,
braceando en proa
un fúnebre cencerro.

Y cuando fueron dichas las sombras,
su procesión de espléndido carisma,
prófugo era el incendio de mi serenata,
urgente el rostro de tu estupor en pantomimas.

Improntas de un muerto
veloz
entre perdones.

Cuerda oscura

La noche fue pensada
en un vientre de mujer.
Sobre los muertos,
es una flor gigante.
Misterio.
Los hijos de la noche no se le parecen,
ídolos son en la proa del destierro.
Un chelo roto se pasea
en el pecho de la que espera.
Y he sentido miedo,
como si no fuera a morir.

Araña

A Abel y Julio Fowler

Teje la gota
el curso,
la inmediatez
de un mundo
transparente.

Aspa órfica,
ebria,
tintero
de tronos,
ojo mudo,
la muerte
reclinada
en el Paraíso.
La postura
hipnótica
del silencio,
su peso
sobre la curva
del sueño,
relojes
que hacen agua,
palinpsesto del fuego;
el llanto de la cera,
la cuerda del espejo,
pájaros son
de un mismo árbol.

Es falso
el sepelio del sol
en el bautismo
de las sombras.
Uno
es el que danza,
muchos
los falsificadores.

En el alterno
caudal
cada invitado
es feliz
con su muerte,
y el tiempo
es la araña,
la música
del agua,
la cáscara
en el huevo.

Escapa la muerte
como un pájaro
de otro cielo
al alma que es mandala
de su sangre.

Si Dios
olvida,
el olvido
es eterno.
La gota

mira lejos,
adentro
espejo mensajero.
Es inadvertida
la eternidad
en las pequeñas
cosas.
Araña la gota,
su lengua escribe
páginas invisibles,
urdimbre sin antifaz,
el designio del caos
es bello.

En la gota
la latitud del pez,
la latitud del pájaro
son el oro
de la barca,
el mismo avatar
dentro
de la cabeza.

Cada ángel
retoma el camino
que el hombre
olvidó,
y sube
la montaña
de la muerte,
las otras

solo son pasamanos,
bestiario
del agua,
lágrimas e incendios,
retazos de un péndulo
simultáneo
que se quiebra.

El sol se llena
de peces,
en una aldea
sin enemigos,
los muertos
guardan una flor
blanca en sus huesos,
y el polvo
y las sombras
liban
universos amigos.

Obrero el sol,
lapida reflejos.
La noche
pare
un árbol,
deletrea
con sus lámparas
el clamor
de los silencios.
El árbol lega
a la madre su deseo,
una vocal de astro

en cada hoja,
las vértebras del canto
que el pájaro o el pez
dejan como semillas,
gestos silenciosos
que el agua difunde.

Mar la gota,
nenúfar,
puente
que eclipsa
la soledad
elíptica
del desarraigo,
su espejo
de arena
donde la muerte
reposa,
cabestrillo fantasma;
pezón de hiedra,
lámpara
de hijos triunfantes
que se multiplica.

El pájaro es el fuego
que no tiene dueño,
el pez el espejo
que nadie fabricó.

Gota,
paraíso,
pulpa de altares,

alcancía
de destinos
luminosos,
la muerte espera,
sin esperanza,
ser otro hijo
que regresa,
a la inocencia
del hogar.

Gota,
piedra de viento,
estricta armonía
de la oculta brasa.

En el motín de la muerte

> *Partir, partir rumbo a la ausencia.*
> Germán Guerra

Me hundo en tu barco.
En tus olores seco mi ropa,
el traje de no irme;
la timidez galante.

Me hundo,
me abisma tu fantasma.
Sus ojos, los rieles de volver.
Tu lumbre, el adiós y el secuestro.
Interminables vagones de nube en nube,
        el ojo de la muerte
            fumándose las honestas mentiras.
La tristeza museable, la paz antojadiza,
            arden de ocaso entre los carbones del silencio,
            partido en eternidades por la furia,
            el éxtasis que dobló las lanzas.

Aquel animal tuyo
        que gobierna la belleza.
Lengua tuya,
        sábana movediza de perfumados truenos
        diciendo,
        robándome el tiempo y sus días.
Pájaros que se mueven bajo el agua,
tu silueta en humo por el cementerio
        que fortalece las ganas.

Persiste la llovizna como un carnaval de difuntos
en la ciudad sin ventanas.
Y en la piel aquella canción
como una flor insolente.
Los vitrales del olvido que se traga sus propios pasos.

Me abismo y tu barco no se hunde.
Me salva el niño dormido
       que muerde en almíbar
        los sueños que perduran.

Capitán sin timón ni cartografía
espoleando al sol en el motín de la muerte.

En los arrullos donde germinan las bondades,
el corazón escribe apenas aquellas viejas canciones
       que le mueven la sangre.

Sé de un árbol que hincado de rodillas,
salvó a los pájaros que se bebieron
los caminos.

Osario de piedades

Una viruta de sol clavada en el regreso,
la semilla de las aguas,
la memoria de las fuentes.
Breve la pisada,
el linaje del hastío.

El juglar de ébano transparente
      risueño es en la fragua de los espejos
      y su novia en la patria del silencio,
      con un osario de piedades,
ven a la muerte amañada huir como un búho del carnaval
y con un mismo corazón
vuelan hacia el estallido.

Los que aún izan un cadáver,
desecharán la mímica
      que grazna en ínfimo halo la clepsidra,
      de hacer de los despidos
          hijos de la distancia,
      de hacer de la distancia
          la impostura de los axiomas.

Perros de la calle

A Lucía Ballester

El pájaro es fruta de sol,
un sonido visual que atraviesa
la semilla del tiempo.

En la soledad hay pedazos de luna
que no se callan, que hincan como luciérnagas
el rostro de la sed que en la sombra conduce.

El silencio es el refranero del cielo.
Allí donde nace el sol,
la voz del río barre las sombras.
Si el silencio es errante,
la luz no se establece.

Hay en el espejo un rastro sin vida
que como el eco nunca se acercará.
Una tregua familiar que el fuego descompone
porque la luz no se remienda.

En la única puerta abierta de los palacios,
el azar mendiga la fragancia que es eco
de la luz en el agua.

Los pájaros, como sus dueños, tocan
la puerta de los sueños y no se callan
su paso herido por la jaula.

Retrato en blanco

A Arsenio Rodríguez Quintana

El sol camina sobre los ataúdes abiertos.
José Carlos Becerra

La muerte empuja prometida
pero no hay barrancos.
Sus manos están llenas de palabras,
palabras que lo saben todo,
párpados gigantes de delirante marea,
luna devota de los despojos.
Hay que esconderla como al más puro de los defectos,
ella custodia el hoyo de los miedos.

El deseo es un ala grande
en el mapa de las orillas

Me dejo herir por el puñal de tu delicia,
miras perfumando el silencio
como un árbol de un solo cielo.
El rostro de mi fuerza es la soledad,
pero en tus labios
los saqueos de la luz
son eternos.

Campanario

Sigo el rastro de la eternidad para desenterrarte,
un trozo de tu sombra todavía me hiere.
Pájaro interminable, ¿cuál de mis ramas
te salva de la muerte,
y cuál muerte calla en gritos
el campanario de tu nombre?

La noche sola es más elocuente.

En el último sitio de la soledad
el mismo principio nos espera
y el niño que tú amas
te pide que te quedes aunque ya no amanezca.

La muerte ya no cobra
y esta paloma que es pan y mesa
sabe hacer cantar a las asustadas fieras
que no se fatigan.

Enterrado vivo

Hoy inmolé al último animal que vivía en mi infancia
arrastrándose como un río
por la anciana muerte.
Lo desconocí con trampas de humo,
con rosas en la urna del joyero.

En el árbol de vidrio
consentí un ancla mutilada,
me puse zapatos de hombre
para jugar con la inocencia,
ignoré el recuerdo,
la sangre,
el silencio de los nombres
que la ternura castra.

Si no muero
es porque dejé a mi corazón
en algún lugar seguro
que no recuerdo.
Y el olvido es otro animal
que muerde en la herida
al niño desnudo
que parpadea
bajo la tierra.

Y escaparemos

Tú desatas los pájaros de mi cabeza,
yo protejo el árbol que ocupa tu fiesta.

Alegres sobre los sueños sin epitafios
de ascendencia vaporosa,
yo besaré tu paloma,
tú flautarás de orquídea el delirio.

La muerte nos despertará
y escaparemos como una mariposa
de las oscuras aguas.

Hora Cero

La luz se acumula.
Anega y vierte formas nuevas.
El tiempo reposa y espera su cosmos
insaciable de armoniosa sepultura.
Su tren caracol de orquídea inasible.

Un gran destello dimensiona el obseso paladar
que retiene el modo hondo de la nada
cuando el oro de la muerte es transparente
y el silencio se salpica de diamantes.

La luz desciende.
La tierra liba las sombras.
Todo es cintura al mediodía.
La lluvia muere alegre
y entierra sus racimos
en la hora invisible.
Todo crece.
Nada se mueve.
La luz se descuelga
y el tórrido sol pinta
con transparencias
el inmóvil jolgorio
en un silencio lleno de milenarias bocas.

Todo, en la sublime intemperie de la luz, sobresale.
Desde el anonimato, la nitidez se expresa
sobre la unicidad y el tamaño ausente de las cosas,
donde la quietud es la auténtica música del asombro.
Pero el mediodía no es morada ni refugio.

La luz bebe de su propia fuente.
Y en la víspera soterrada,
también con mudo escándalo,
la noche se entretiene escondida sobre las cosas vivas.

No hay prisión cuando el tiempo hipoteca el olvido
y el mediodía no es cerrojo
sino colimador de la luz,
asueto de la cotidianidad sin urgencias,
semilla preñada de indescifrables jeroglíficos.

Al mediodía las puertas se sacan de adentro
cada árbol de la memoria,
cada campanada del alegre visitante.
Cada árbol entrega su porción de lluvia.
Cada pez mira su brillo multiplicado detenerse.
Ningún pájaro sobra y la distancia empalaga.

A las doce el patio del cielo no tiene escaleras.
El escondite de la muerte es plural.
La muerte,
que ha regresado siempre condecorada del eterno paisaje,
se queda sin casa:
la Cruz está vacía.

El mediodía es levadura nupcial.
Repuesta candorosa.
Asedio del fin reiterado que comienza:
La huella del tiempo no se establece
cuando la creación esconde sus plumas
y el ojo del desierto como una paloma
atraviesa el horizonte.

Mordida de antorchas, la noche esculpe abismos
en que la sed del tiempo palidece
y el Hombre es punta del triángulo perfecto.
Mayúscula paralela del umbral,
espiga en el lucero.
Espiga de eternos girasoles que no se callan
el drama excelso y viril de la existencia.

Al mediodía el sol tiene descalza la espalda
y es sándalo de dos orillas.
La noche duerme
como un pájaro en una gota de resplandor.
Todo es cerca.
La lejanía se evapora.
El adiós contiguo se detiene.
El polvo yergue memoria
en el rostro del futuro.

Entonces el silencio entrega a cada insomne su canastilla,
su curso de manantial incorpóreo colmado de estrellas.
El reloj ríe sin ademanes con su corbata
gemelo del ojo herido
cuando la tarde echa a correr
como un papagayo,
y el coral verde de la tierra despierta sus relámpagos,
el reverso de la gran hora del insomnio,
el ágape inmóvil del comienzo.

Al unísono, las preguntas desaparecen.
El tiempo se queda solo.
Sin memoria.
Sin olvido.

El rostro del misterio ya no es el acertijo de la culpa
y los serafines del destierro vuelven a servir la mesa.

Son las doce.
El tiempo se acerca a su hora más ausente,
a su remedio más antiguo,
en que la lejanía del cielo
es tan breve y tan cercana.
Todo se multiplica,
desaparece en la permanencia
colmada de crepúsculos que son bocas.
De hombres que son almas.

En la hora alta los puntos cardinales son uno.
El mediodía mira en todas direcciones
como el cráneo cerrado que rastrea la luz,
como el espejo pendular de la inmanencia,
la fiesta ovalada del albor que emerge
y extiende el mar de la belleza.
Flecha redonda donde late la existencia
su estirpe áurea que no se apaga.

La puerta de la esfera
es madre de incontables universos,
instantes llovidos sin pausa de soles y lunas
en la plenitud de la sed y los nombres.

El badajo que fue látigo o puñal, en esta hora, es ala.
La pesada rueda, agua del bautismo.
La noche más larga, transparencia.
La muerte que nació con nosotros
fecunda se despide

y en sus exequias la eternidad otra vez se consuma.

Son las doce.
La breve semilla de nocturnos balcones
destraba el nudo de siglos interminables.
Y eclosiona la intacta primicia de la trascendencia
su danza viajera entre el fuego y el agua.

Son las doce.
Transcurre imperceptible la caligrafía del cielo.
Parpadea el universo su abecedario.
El auténtico cero de la plenitud
no se divide.

*Tras tanto error del buen camino,
volver es ya el hogar que nos absuelve.*

Raúl Hernández Novás

La editorial Cambridge BrickHouse, Inc.
ha creado el sello CBH Books
para apoyar la excelencia en la literatura.

De la presente edición:
"Rehén de las olas"
por Juan Carlos Mirabal
producida por la casa editorial
CBH Books
(Massachusetts, Estados Unidos)

Cualquier comentario sobre esta obra
o solicitud de permisos, puede escribir a:
Departamento de español
Cambridge BrickHouse, Inc.
855 Turnpike Street
North Andover, MA 01845
www.CBHBooks.com

Made in the USA
Lexington, KY
14 November 2019